Date:_____ |||||||||||||| _

City/State:_____

Club:_____

Organization:_____

_____

Level:_____

Course:_____

Time: _____

Q or E: _____

Placement:_____

Date:_____

City/State:_____

Club:_____

Organization:_____

_____

Level:_____

Course:_____

Time:_____

Q or E:_____

Placement:_____

_____

Date:_____

City/State:_____

Club:_____

Organization:_____

_____

Level:_____

Course:_____

Time: _____

Q or E: _____

Placement:_____

_____

Date:_____

City/State:_____

Club:_____

Organization:_____

_____

Level:_____

Course:_____

Time: _____

Q or E: _____

Placement:_____

_____

Date:_____

City/State:_____

Club:_____

Organization:_____

_____

Level:_____

Course:_____

Time: _____

Q or E: _____

Placement:_____

_____

Date:_____

City/State:_____

Club:_____

Organization:_____

_____

Level:_____

Course:_____

Time:_____

Q or E:_____

Placement:_____

_____

Date:_____

City/State:_____

Club:_____

Organization:_____

_____

Level:_____

Course:_____

Time: _____

Q or E: _____

Placement:_____

_____

Date:_____

City/State:_____

Club:_____

Organization:_____

_____

Level:_____

Course:_____

Time: _____

Q or E: _____

Placement:_____

_____

Date:_____

City/State:_____

Club:_____

Organization:_____

_____

Level:_____

Course:_____

Time: _____

Q or E: _____

Placement:_____

_____

Date:_____

City/State:_____

Club:_____

Organization:_____

_____

Level:_____

Course:_____

Time: _____

Q or E: _____

Placement:_____

_____

🐾 🐾 🐾 🐾 🐾 🐾 🐾 🐾 🐾 🐾

Date:_____

City/State:_____

Club:_____

Organization:_____

_____

Level:_____

Course:_____

Time: _____

Q or E: _____

Placement:_____

_____

Date:_____

City/State:_____

Club:_____

Organization:_____

_____

Level:_____

Course:_____

Time: _____

Q or E: _____

Placement:_____

_____

Date:_____

City/State:_____

Club:_____

Organization:_____

_____

Level:_____

Course:_____

Time: _____

Q or E: _____

Placement:_____

_____

Date:_____

City/State:_____

Club:_____

Organization:_____

_____

Level:_____

Course:_____

Time: _____

Q or E: _____

Placement:_____

_____

Date:_____

City/State:_____

Club:_____

Organization:_____

_____

Level:_____

Course:_____

Time: _____

Q or E: _____

Placement:_____

_____

Date:_____

City/State:_____

Club:_____

Organization:_____

_____

Level:_____

Course:_____

Time: _____

Q or E: _____

Placement:_____

_____

Date:_____

City/State:_____

Club:_____

Organization:_____

_____

Level:_____

Course:_____

Time: _____

Q or E: _____

Placement:_____

_____

Date:_____

City/State:_____

Club:_____

Organization:_____

_____

Level:_____

Course:_____

Time: _____

Q or E: _____

Placement:_____

_____

Date:_____

City/State:_____

Club:_____

Organization:_____

_____

Level:_____

Course:_____

Time: _____

Q or E: _____

Placement:_____

_____

Date:_____

City/State:_____

Club:_____

Organization:_____

_____

Level:_____

Course:_____

Time: _____

Q or E: _____

Placement:_____

_____

Date:_____

City/State:_____

Club:_____

Organization:_____

_____

Level:_____

Course:_____

Time: _____

Q or E: _____

Placement:_____

_____

Date:_____

City/State:_____

Club:_____

Organization:_____

_____

Level:_____

Course:_____

Time:_____

Q or E:_____

Placement:_____

_____

Date:_____

City/State:_____

Club:_____

Organization:_____

_____

Level:_____

Course:_____

Time: _____

Q or E: _____

Placement:_____

_____

Date:_____

City/State:_____

Club:_____

Organization:_____

_____

Level:_____

Course:_____

Time: _____

Q or E: _____

Placement:_____

_____

Date:_____

City/State:_____

Club:_____

Organization:_____

_____

Level:_____

Course:_____

Time: _____

Q or E: _____

Placement:_____

_____

Date:_____

City/State:_____

Club:_____

Organization:_____

_____

Level:_____

Course:_____

Time:_____

Q or E:_____

Placement:_____

_____

Date:_____

City/State:_____

Club:_____

Organization:_____

_____

Level:_____

Course:_____

Time: _____

Q or E: _____

Placement:_____

_____

Date:_____

City/State:_____

Club:_____

Organization:_____

_____

Level:_____

Course:_____

Time: _____

Q or E: _____

Placement:_____

_____

Date:_____

City/State:_____

Club:_____

Organization:_____

_____

Level:_____

Course:_____

Time: _____

Q or E: _____

Placement:_____

_____

Date:_____

City/State:_____

Club:_____

Organization:_____

_____

Level:_____

Course:_____

Time: _____

Q or E: _____

Placement:_____

_____

Date:_____

City/State:_____

Club:_____

Organization:_____

_____

Level:_____

Course:_____

Time: _____

Q or E: _____

Placement:_____

_____

Date:_____

City/State:_____

Club:_____

Organization:_____

_____

Level:_____

Course:_____

Time: _____

Q or E: _____

Placement:_____

_____

Date:_____

City/State:_____

Club:_____

Organization:_____

_____

Level:_____

Course:_____

Time: _____

Q or E: _____

Placement:_____

_____

Date:_____

City/State:_____

Club:_____

Organization:_____

_____

Level:_____

Course:_____

Time: _____

Q or E: _____

Placement:_____

_____

Date:_____

City/State:_____

Club:_____

Organization:_____

_____

Level:_____

Course:_____

Time: _____

Q or E: _____

Placement:_____

_____

Date:_____

City/State:_____

Club:_____

Organization:_____

_____

Level:_____

Course:_____

Time: _____

Q or E: _____

Placement:_____

_____

Date:_____

City/State:_____

Club:_____

Organization:_____

_____

Level:_____

Course:_____

Time: _____

Q or E: _____

Placement:_____

_____

Date:_____

City/State:_____

Club:_____

Organization:_____

_____

Level:_____

Course:_____

Time: _____

Q or E: _____

Placement:_____

_____

Date:_____

City/State:_____

Club:_____

Organization:_____

_____

Level:_____

Course:_____

Time: _____

Q or E: _____

Placement:_____

_____

Date:_____

City/State:_____

Club:_____

Organization:_____

_____

Level:_____

Course:_____

Time: _____

Q or E: _____

Placement:_____

_____

Date:_____

City/State:_____

Club:_____

Organization:_____

_____

Level:_____

Course:_____

Time: _____

Q or E: _____

Placement:_____

_____

Date:_____

City/State:_____

Club:_____

Organization:_____

_____

Level:_____

Course:_____

Time: _____

Q or E: _____

Placement:_____

_____

Date:_____

City/State:_____

Club:_____

Organization:_____

_____

Level:_____

Course:_____

Time: _____

Q or E: _____

Placement:_____

_____

Date:_____

City/State:_____

Club:_____

Organization:_____

_____

Level:_____

Course:_____

Time: _____

Q or E: _____

Placement:_____

_____

Date:_____

City/State:_____

Club:_____

Organization:_____

_____

Level:_____

Course:_____

Time: _____

Q or E: _____

Placement:_____

_____

Date:_____

City/State:_____

Club:_____

Organization:_____

_____

Level:_____

Course:_____

Time: _____

Q or E: _____

Placement:_____

_____

Date:_____

City/State:_____

Club:_____

Organization:_____

_____

Level:_____

Course:_____

Time: _____

Q or E: _____

Placement:_____

_____

Date:_____

City/State:_____

Club:_____

Organization:_____

_____

Level:_____

Course:_____

Time: _____

Q or E: _____

Placement:_____

_____

Date:_____

City/State:_____

Club:_____

Organization:_____

_____

Level:_____

Course:_____

Time: _____

Q or E: _____

Placement:_____

_____

Date:_____

City/State:_____

Club:_____

Organization:_____

_____

Level:_____

Course:_____

Time: _____

Q or E: _____

Placement:_____

_____

Notes

_____

_____

_____

_____

_____

_____

_____

_____

_____

_____

_____

_____

Notes

Notes

Notes

Made in the USA
Monee, IL
28 October 2024

68886382R00031